GS

W0216762

# Réussir son dernier trimestre

## et préparer son entrée dans la classe supérieure

rue des écoles

Éditions rue des écoles – 15, boulevard Bourdon – 75004 Paris

Achevé d'imprimer en France
via Dupliprint, en février 2022

EAN : 9782820813404
Dépôt légal : mars 2022

# Avant-propos

La collection « Réussir son dernier trimestre » constitue un support pour réviser les notions développées tout au long de l'année scolaire, en français et en mathématiques. Activités et jeux mèneront pas à pas l'enfant vers l'acquisition et le renforcement des connaissances et compétences indispensables à sa progression.

Ne soyez pas inquiet s'il a besoin de temps et de pratique pour maîtriser la complexité de la langue et des nombres : les enfants n'avancent pas tous au même rythme.

N'oubliez pas que si le comptage et les opérations sont largement automatisés chez les adultes, les enfants en découvrent les principes. La familiarité et l'aisance des adultes avec l'écrit conduit également parfois à oublier la grande complexité que représente l'apprentissage de la lecture et de l'écriture chez les jeunes élèves.

Patience, accompagnement bienveillant et encouragements sont de véritables moteurs pour la réussite de tous.

# Contenu du cahier

Les activités présentes dans ce cahier sont centrées sur les compétences et notions qui doivent être acquises en français et en mathématiques pour l'année scolaire en cours. Des pages d'**évaluations** sont prévues afin de mesurer la progression de l'acquisition des compétences et des connaissances de l'enfant. L'évaluation joue un rôle essentiel, dans le sens où elle fournit des renseignements utiles pour **guider** les parents et **aider** l'enfant à atteindre les prochaines étapes et à constater « ses » progrès. Elle est avant tout un outil de repérage des difficultés et ne doit **en aucun cas** émousser la confiance ou l'estime de soi. Des pages plus récréatives sont également proposées afin de réinvestir des compétences de façon plus ludique, tout en offrant des pauses agréables et nécessaires à un apprentissage serein et bienveillant.

# Sommaire

Français

# Les présentations

**1** Entoure le mot « Bonjour » (ou « bonjour ») dans les phrases suivantes :

**Bonjour Papa ! Bonjour Maman !**

**Je dis bonjour quand il fait jour.**

**Bonjour les amis !**

**Quand je rencontre quelqu'un, je dis bonjour.**

**2** Colorie les bulles où tu vois le mot « BONJOUR ».

**3** Dans le mot « BONJOUR », il y a sept lettres. Compte-les : B.O.N.J.O.U.R.
Dans le cadre ci-dessous, entoure les lettres qui servent à écrire « BONJOUR » et essaie de nommer ces lettres.

U M A O P E I V Q N D S C J L B G O R H

**4** Écris ton prénom en majuscules d'imprimerie. Entoure la première lettre.

**5** Reproduis les ronds en repassant sur les pointillés. Pars du point et suis le sens de la flèche.

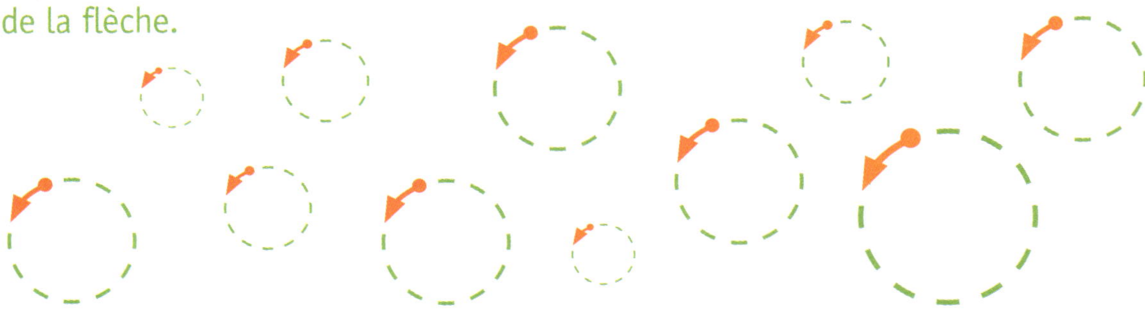

# Les nombres de 1 à 4

## Je retiens

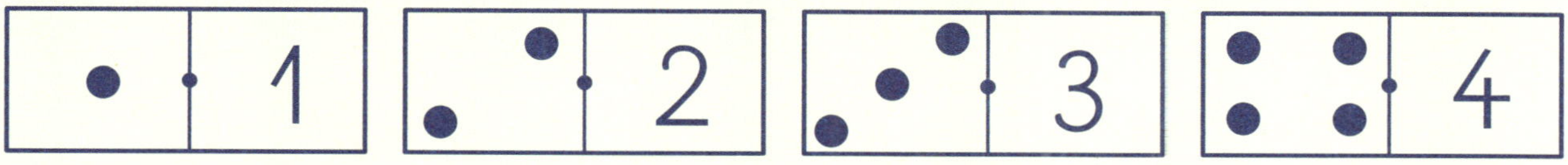


Ma petite vache a mal aux pattes
1, 2, 3, 4
Ma petite vache a mal aux pattes
Tirons-la par la queue
Elle ira bien mieux !

**1** Observe bien ce dessin de vache.

**a.** Entoure le nombre de cornes de la vache :

1 2 3 4

**b.** Entoure le nombre de pattes de la vache :

1 2 3 4

**c.** Dessine trois taches sur la vache.

**2** Écris les chiffres de 1 à 4

1 2 3 4

Français

# L'alphabet

**1** Observe l'alphabet et repère les lettres que tu connais déjà.

| a | A | a | A | n | N | n | N |
|---|---|---|---|---|---|---|---|
| b | B | b | B | o | O | o | O |
| c | C | c | C | p | P | p | P |
| d | D | d | D | q | Q | q | Q |
| e | E | e | E | r | R | r | R |
| f | F | f | F | s | S | s | S |
| g | G | g | G | t | T | t | T |
| h | H | h | H | u | U | u | U |
| i | I | i | I | v | V | v | V |
| j | J | j | J | w | W | w | W |
| k | K | k | K | x | X | x | X |
| l | L | l | L | y | Y | y | Y |
| m | M | m | M | z | Z | z | Z |

**2** Souligne toutes les lettres qui apparaissent dans ton prénom.

a b c d e f g h i j k l m n o p q r s t u v w x y z

# Les jours de la semaine

Maths

## Je retiens

**Mémorise la comptine.**

Bonjour, **lundi**,
Comment va **mardi** ?
Pas mal, **mercredi**,
Et toi, **jeudi** ?

Tu diras à **vendredi**
que je partirai **samedi**
pour arriver **dimanche**.

Regarde ce qu'a mangé Pauline cette semaine, puis fais les exercices ci-dessous.

**lundi**

**mardi**

**mercredi**

**jeudi**

**vendredi**

**samedi**

**dimanche**

**a.** Relie les plats au jour qui leur correspond.

| lundi | mardi | mercredi | jeudi | vendredi | samedi | dimanche |
|---|---|---|---|---|---|---|

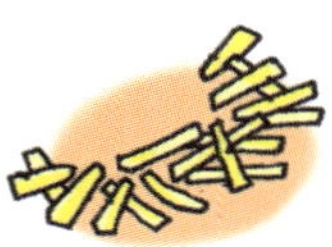      

**b.** Remets les jours de la semaine dans l'ordre, en reliant comme il convient.

| dimanche | mardi | samedi | mercredi | lundi | vendredi | jeudi |
|---|---|---|---|---|---|---|
| 3 | 4 | 2 | 7 | 6 | 1 | 5 |

# La compréhension d'un texte (1)

Demande à un adulte de te lire la comptine ci-dessous.

## Une souris verte

Une souris verte
Qui courait dans l'herbe.
Je l'attrape par la queue,
Je la montre à ces messieurs.
Ces messieurs me disent :
Trempez-la dans l'huile,
Trempez-la dans l'eau,
Ça fera un escargot tout chaud.
Je la mets dans mon chapeau
Elle me dit qu'il fait trop chaud.
Je la mets dans un tiroir
Elle me dit qu'il fait trop noir.
Je la mets dans ma culotte
Elle me fait trois petites crottes.

1. Colorie la souris avec la bonne couleur.

2. Dans le texte, souligne le mot « souris ».

3. Dans le texte, entoure le mot « escargot ».

# Les figures géométriques

**1** Colorie les △ en rouge, les ▭ en vert, les ○ en bleu.

**2** Complète.

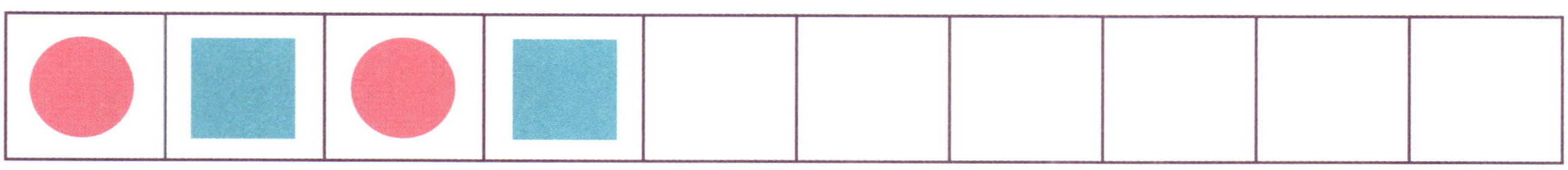

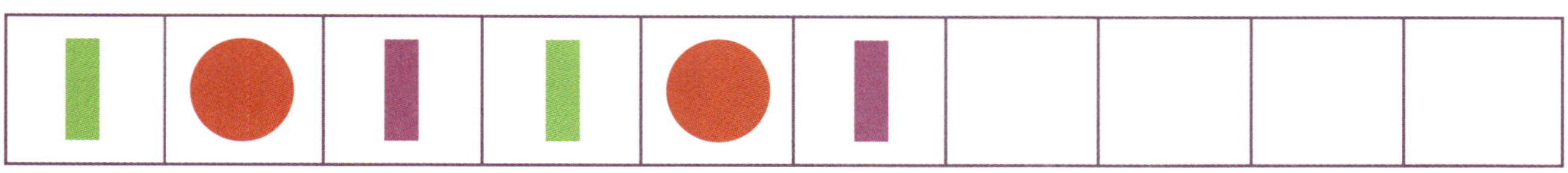

**3** À ton tour, invente une nouvelle suite.

|  |  |  |  |  |  |  |  |  |  |
|---|---|---|---|---|---|---|---|---|---|
|  |  |  |  |  |  |  |  |  |  |

# La compréhension d'un texte (2)

**1** Demande à quelqu'un de te relire la comptine de la page 10 si tu ne la connais pas par cœur. Entoure le lieu où court la souris.

**2** Entoure en rouge la partie du corps que tu attrapes.

**3** Colorie la bouteille d'huile en jaune.

eau huile

**4** Dessine la souris dans les objets où tu la mets.

**5** Dessine autant de points noirs que de petites crottes faites par la souris.

**6** Pour t'entraîner à bien former tes lettres, continue, en suivant les pointillés, la queue de chacune de ces petites souris. Puis écris les lettres.
Colorie ensuite chaque souris de la couleur que tu veux.

nn

uu

ee

ll

# L'ordre chronologique

**1** Observe les objets et les personnes que Léa a rencontrés sur son chemin.

**2** Trace le chemin pris par Léa dans le jardin public, en respectant l'ordre des objets et des personnes qu'elle a rencontrés.

**3** Observe cette course de voitures et colorie les voitures selon leur ordre d'arrivée.

1re
2e
3e

4e
5e
6e

Français

# Le son [a]

## Je retiens

**Regarde bien les mots dans le tableau et retiens-les.**

| a ɑ | |
|---|---|
| [a] (entendu) | [a] (pas entendu) |
| **mardi** | **jaune** |
| *mardi* | *dimanche* |

**1** Entoure les images si tu entends le son [a].

**2** Continue en suivant le modèle.

*ɑ ɑ*

**3** Pour écrire les mots suivants, repasse sur les pointillés.

*maman* *papa*

# Les nombres de 1 à 6

## Je retiens

**Mémorise la comptine.**

Y a cinq billes
Dans mon p'tit sac

Cinq pour mes copains

Et zéro pour moi

Y a six billes
Dans mon p'tit sac

Cinq pour mes copains

Et une pour moi

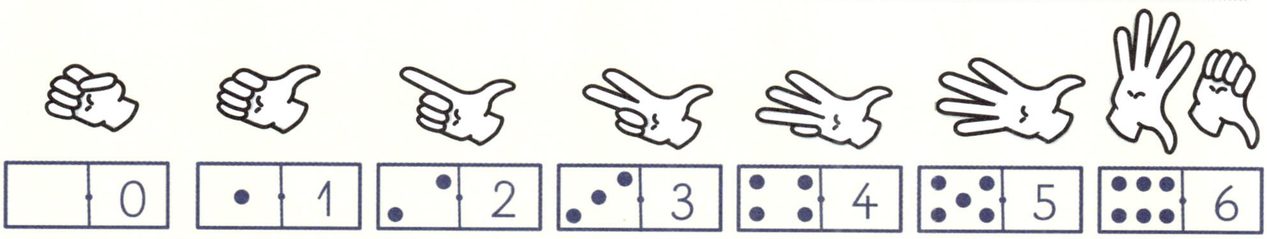


**1** Relie chaque collection au bon domino.

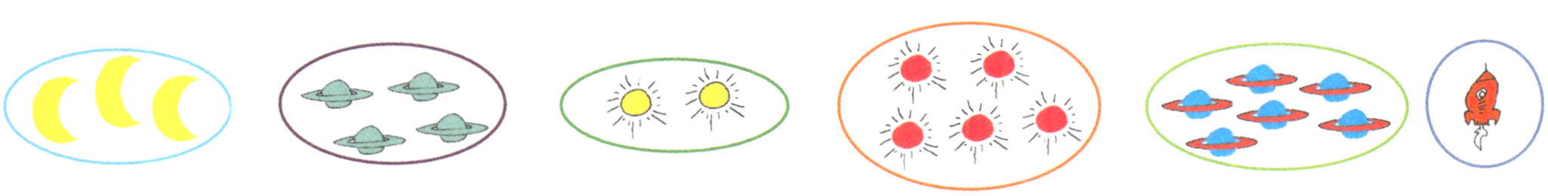

**2** Écris les nombres entre les deux lignes.

1 2 3 4 5 6

## 1 L'ESPION

Axel a reçu ce message mystérieux.

Voici comment il l'a décodé.

Il a reçu ensuite un second message codé de la même manière. Que signifie-t-il ?
Pour le trouver, cherche chaque signe dans le premier message et regarde la lettre qui se trouve juste au-dessous. Puis reporte la lettre dans le second message.

## 2 LE PRÉFÉRÉ

**Pour découvrir quel est l'animal préféré de Christine :**

- **prends un crayon bleu et entoure les animaux qui volent ;**
- **prends un crayon vert et entoure les animaux qui ont des plumes ;**
- **prends un crayon rouge et entoure les animaux qui nagent.**

**L'animal encerclé trois fois est le préféré de Christine !**

### Le sais-tu ?

**L'autruche est un oiseau incapable de voler, mais qui court très vite et peut dépasser les 80 km/h !**

# Évaluation

**1** Complète les lettres qui manquent dans cet alphabet.

| | | | | | | | | |
|---|---|---|---|---|---|---|---|---|
| A | B | | D | E | | G | H | I |
| J | K | | M | | O | P | Q | |
| | T | U | | W | X | Y | | |

**2** Deux intrus se sont glissés parmi les étiquettes des jours de la semaine, sauras-tu les retrouver ?

mardi — vendredi — lundi — maman — samedi — jeudi — dimanche — mercredi — lune

**3** Colorie chaque tache de la couleur demandée.

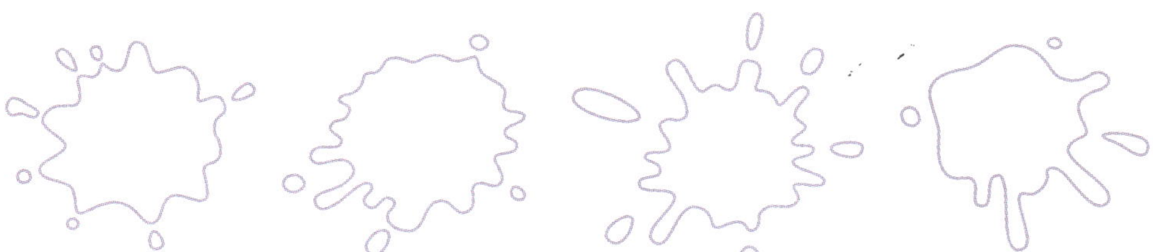

bleu — vert — jaune — rose

**4** Nomme les images en décomposant bien chaque syllabe, puis fais une croix dans la case où tu entends le son [a].

**5** Colorie les carrés en jaune et les triangles en rouge.

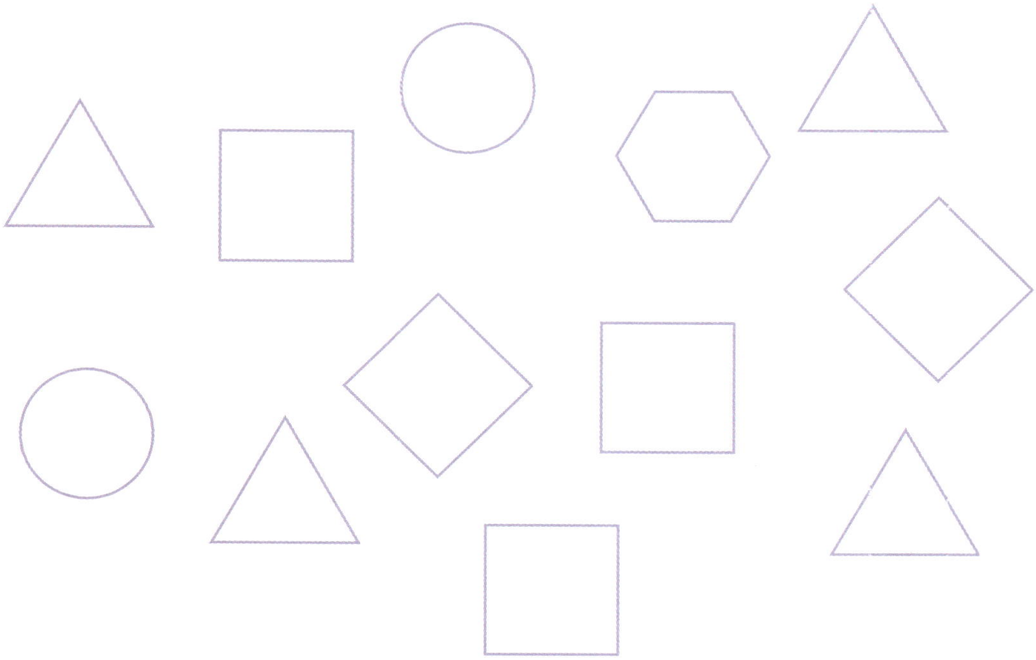

**6** Dessine les pommes manquantes pour qu'il y en ait 6 dans chaque case.

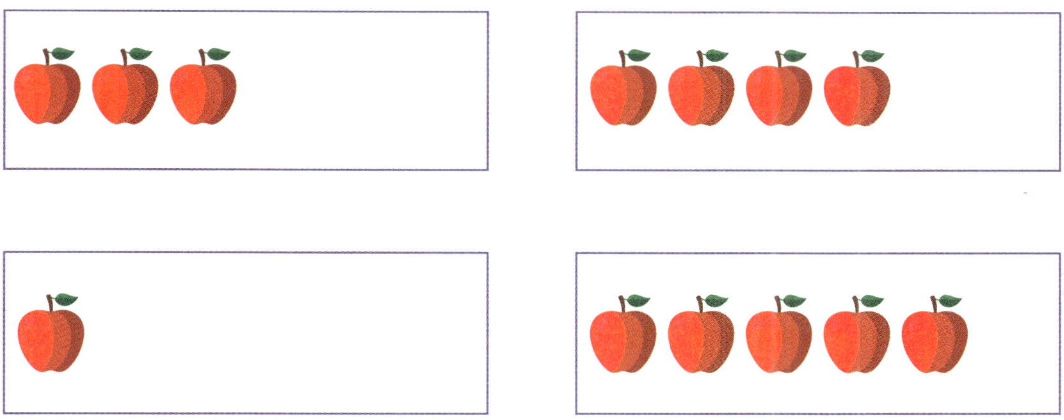

**7** Complète la frise.

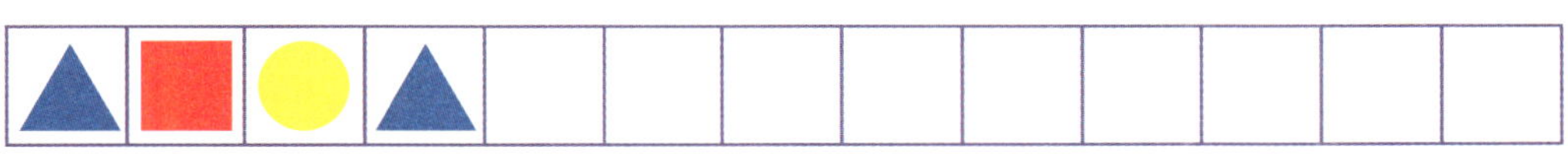

# La lecture d'une bande dessinée (1)

Essaie de lire la bande dessinée de *Boule et Bill* avec l'aide d'un adulte.

## Brutos

Jean Roba, « Faut rigoler », *Boule et Bill*, album n° 23, Dargaud © Studio Boule et Bill 2009.

# Le repérage dans l'espace

Maths

**1** Repère-toi sur ce dessin en dessinant les formes demandées.

**a.** Trace un triangle rouge entre la maison et le sapin.

**b.** Trace un rond vert à gauche de la balançoire.

**c.** Trace un carré bleu à droite de la table de pique-nique.

**2** Situe ces objets les uns par rapport aux autres en coloriant.

**a.** Colorie en marron le lapin qui est **entre** l'arbre et la maison.

**b.** Colorie en gris le lapin qui est **à droite** du moulin.

**c.** Colorie en orange le lapin qui est **à gauche** de l'arbre.

**d.** Colorie en rose le lapin qui est **entre** la maison et le moulin.

# La lecture d'une bande dessinée (2)

**1** Essaie de nouveau de lire la bande dessinée page 18, puis réponds aux questions.

a. Que vois-tu sur cette page ?

b. Observe attentivement les images et raconte ce qui se passe dans cette histoire.

c. Comment s'appelle une histoire racontée avec des vignettes et des bulles ?

d. Combien y a-t-il d'images ?

e. Quel est le titre de l'histoire ?

f. Quels sont les personnages de l'histoire ?

g. Que font les deux chiens ?

h. Pourquoi se disputent-ils ?

i. Comment se termine l'histoire ?

**2** Comme ce chiot, saute d'un os à l'autre... Puis passe entre chaque os.

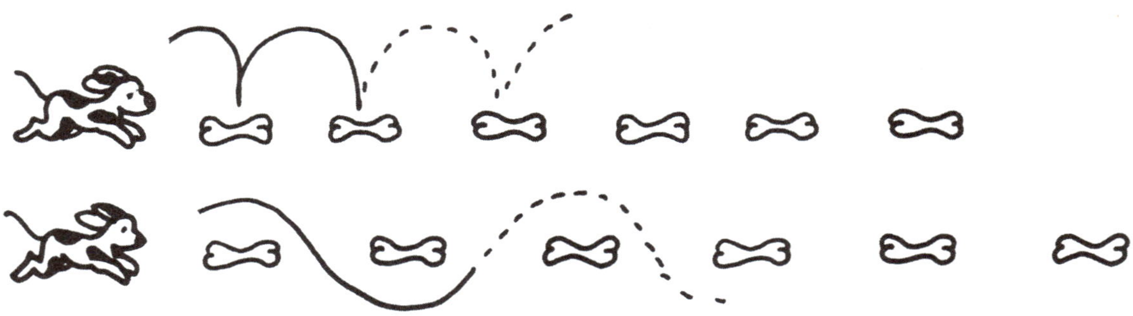

**3** Continue l'écriture des lettres sur la ligne ci-dessous.

m m

**4** Copie les mots *Boule et Bill* en écriture cursive.

Boule

Bill

**5** Continue en suivant le modèle.

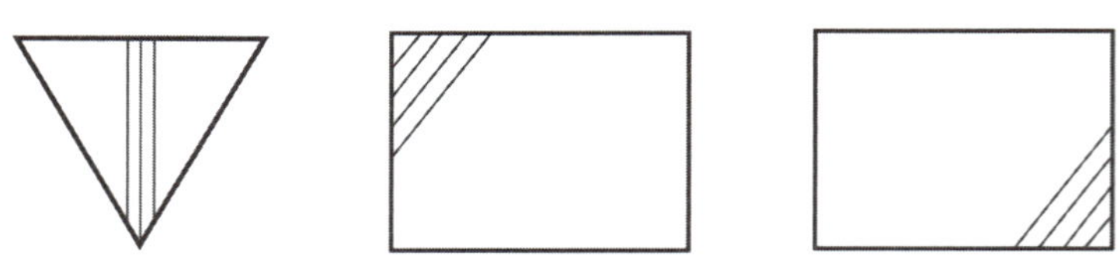

# La distribution

Maths

1 Écoute l'énoncé que va te lire un adulte et réponds aux questions.

**Dans le jardin, les lapins mangent des carottes.**
**Chaque lapin en mange le même nombre.**

**a.** Entoure en marron les carottes mangées par le lapin marron.

**b.** Entoure en rouge les carottes mangées par le lapin rouge.

**c.** Entoure en gris les carottes mangées par le lapin gris.

2 Écris le nombre de carottes mangées par chaque lapin.

Le lapin marron a mangé ___ carottes.

Le lapin gris a mangé ___ carottes.

Le lapin rouge a mangé ___ carottes.

3 Colorie en jaune les carrés, en vert les ronds et en violet les triangles.

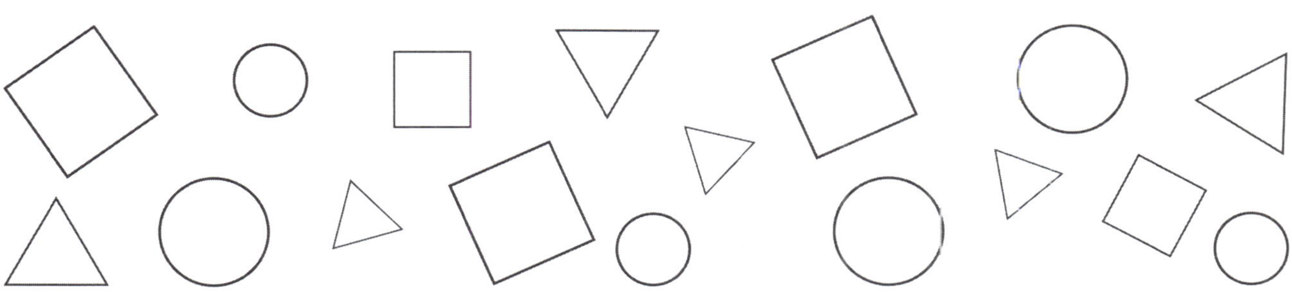

# La compréhension d'une recette (1)

**1** Demande à l'adulte qui t'accompagne de lire la recette des petits sablés, puis réponds aux questions suivantes.

**Recette des petits sablés**

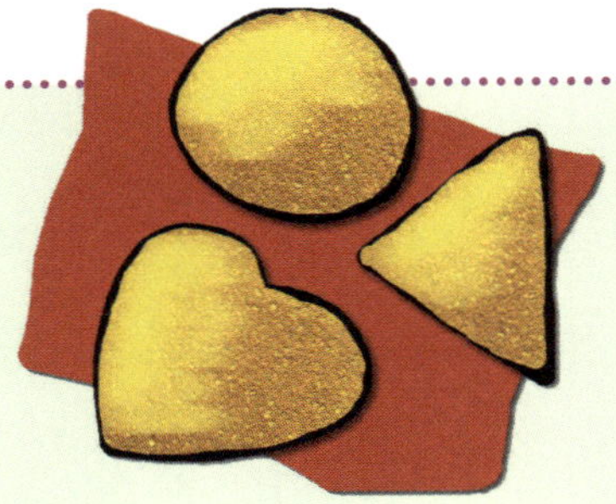

Il faut, pour 4 personnes :

5 cuillerées à soupe de farine ;

3 cuillerées à soupe de sucre semoule ;

80 grammes de beurre.

1. Réunir tous les ingrédients sur la table. Faire chauffer le four (thermostat 10).
2. Mélanger la farine, le beurre et 2 cuillerées à soupe de sucre.
3. Verser la dernière cuillerée de sucre sur la table et rouler la pâte en boudin.
4. Couper des rondelles de 1 centimètre d'épaisseur.
5. Les poser sur une plaque beurrée.
6. Baisser le four (thermostat 1-2). Mettre les sablés à cuire 10 à 15 minutes.

**a.** Retrouve dans cette recette les mots ci-dessous et entoure-les.

**cuillerée** **cuillerées** **sucre**

**b.** Entoure la syllabe que l'on retrouve dans chacun des mots ci-dessous.

**cuisine** **cuillère** **cuisiner** **cuillerée** **cuisson**

**2** Invente une recette à partir des mots suivants et demande à un adulte de l'écrire.

Mettre ______________________________

Casser ______________________________

Remuer ______________________________

Ajouter ______________________________

Cuire ______________________________

Servir ______________________________

**3** Continue en suivant le modèle.

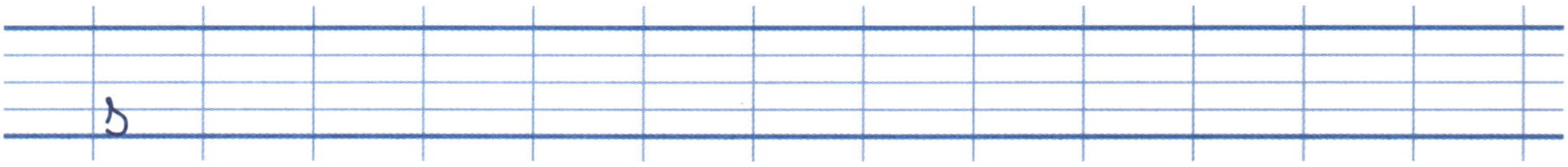

# Le repérage dans le temps

Maths

**1** Observe attentivement le calendrier de Pauline, puis réponds aux questions.

| | | | |
|---|---|---|---|
| lundi | | janvier | juillet |
| mardi | | février | août |
| mercredi | | mars | |
| | Aujourd'hui, c'est : jeudi 8 septembre | | |
| vendredi | | avril | octobre |
| samedi | | mai | novembre |
| dimanche | 0 1 2 3 4 5 6 7 9 | juin | décembre |

**a.** Raconte ce qu'a fait Pauline sur son tableau.

**b.** Compte les étiquettes jours ci-dessous et entoure l'étiquette choisie par Pauline.

lundi | mardi | mercredi | jeudi | vendredi | samedi | dimanche

**2** Regarde bien les étiquettes jours ci-dessous.

**a.** Colorie en bleu l'étiquette d'aujourd'hui.

**b.** Colorie en vert l'étiquette d'hier.

**c.** Colorie en jaune l'étiquette de demain.

lundi | mardi | mercredi | jeudi | vendredi | samedi | dimanche

**3** Numérote dans l'ordre, de 1 à 7, les jours de la semaine.

○ jeudi | ○ mardi | ○ samedi

○ vendredi | ○ lundi | ○ mercredi | ○ dimanche

Français

# La compréhension d'un texte documentaire (1)

**1** Observe bien ce dessin et réponds aux deux questions posées par un adulte.

**a.** Que sais-tu sur cet animal, sa façon de vivre, de manger, par exemple ?

**b.** Connais-tu des animaux qui ressemblent au loup ?

**2** Écoute le texte suivant, que va te lire un adulte, puis réponds aux questions.

## Les loups

Les loups vivent autant dans les prairies que dans les forêts et les montagnes, sauf les plus hautes. L'hiver, ils se déplacent en bandes à la recherche de nourriture. De petits animaux et des oiseaux sont les proies habituelles des loups qui mangent aussi des baies.

Mais une horde de loups peut également attaquer des rennes, des moutons et d'autres grands mammifères, en choisissant les individus les plus faibles (vieux, jeunes ou malades). Faute de proie vivante, les loups se nourrissent de charognes.

**a.** En tenant compte de ce que tu as appris dans le texte précédent, entoure la phrase qui est vraie.

- Les loups se nourrissent de petits animaux et de baies.
- Ils ne mangent pas de moutons.

**b.** Dans le texte, entoure le mot loups quand tu le vois.

**3** Entoure, dans la liste suivante, les mots ou` tu entends le son [lu].

**louve mulot louveteau loupe poule filou jaloux chou**

**4** À côté des mots suivants, fais autant de points qu'il y a de syllabes, comme le modèle.

**Exemple :** filou • •

**louveteau** **clou** **flou** **jaloux**

**5** Continue en suivant le modèle.

un

une

# Les nombres de 6 à 10

**1** Observe bien les images ci-dessous.

6 7 8 9 10

**2** Colorie les maisons où tu lis 7, 8, 9 et 10.

**3** Colorie des ronds en bleu et d'autres en rouge de façon à avoir moins de bleus que de rouges.

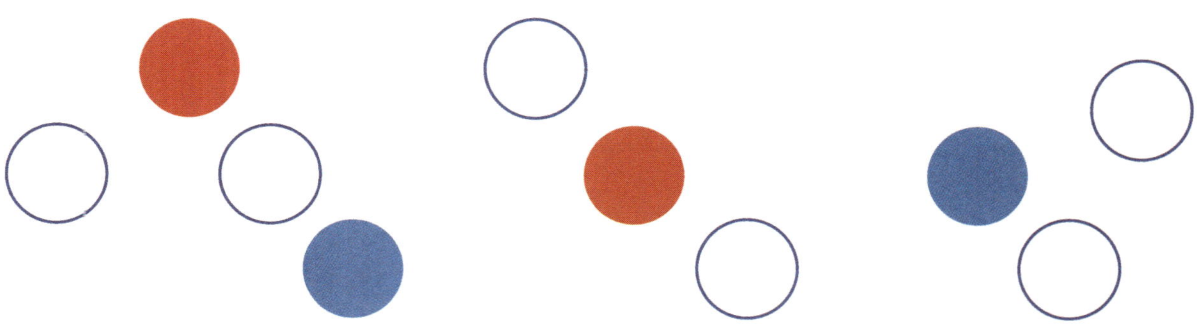

Français

# La compréhension d'un texte documentaire (2)

**1** Écoute ce texte que va te lire un adulte, puis réponds aux questions.

### Les loups

*Loup* : poisson de grande taille vivant dans l'océan Atlantique, caractérisé par des dents puissantes et nombreuses, des écailles rondes et rudimentaires, et dépourvu de nageoire ventrale. Sur les côtes méditerranéennes françaises, on appelle également *loup* le bar commun.

Le loup marin tacheté, qui mesure de 1 à 2 mètres de long pour un poids de 17 à 45 kilos, vit sur les fonds rocheux jusqu'à une profondeur de 450 mètres.

Le loup se nourrit de mollusques, d'étoiles de mer et d'oursins.

Il est pêché dans les eaux de l'Atlantique nord. C'est un poisson migrateur qui se déplace vers l'est au printemps et retourne vers l'ouest en automne.

**a.** À quoi sert ce texte ?

**b.** Parle-t-on du même loup que dans le texte de la page 26 ?

**2** Pour chacune des phrases ci-dessous, dis de quel loup il s'agit en cherchant avec un adulte dans la liste suivante :

**l'animal – une recette de poisson – un marin – un masque – un enfant**

**a.** Le loup mange gloutonnement.

**b.** Pour le carnaval, je mettrai un loup sur mon visage.

**c.** Ce midi, j'ai mangé un délicieux loup au fenouil.

**d.** Ce vieux loup de mer porte toujours sa casquette de marin.

**e.** Allez mon petit loup, c'est l'heure d'aller te coucher !

**3** Dans les phrases ci-dessus, entoure le mot « loup » quand tu le vois écrit.

**4** En suivant le modèle, copie le mot « loup » en écriture cursive sur la ligne ci-dessous.

*loup*

# La suite numérique de 1 à 15

Maths

## Je retiens

**Mémorise la comptine.**

1, 2, 3, nous irons au bois,
4, 5, 6, cueillir des cerises,
7, 8, 9, dans un panier neuf,
10, 11, 12, elles seront toutes rouges,
13, 14, 15, pour offrir au prince.

| 1 | 2 | 3 | 4 | 5 | 6 | 7 | 8 | 9 | 10 | 11 | 12 | 13 | 14 | 15 |
|---|---|---|---|---|---|---|---|---|---|---|---|---|---|---|

**1** En utilisant la bande numérique, écris les nombres en ordre sous les dessins.

| 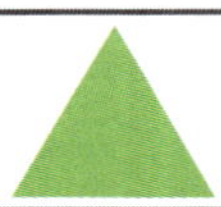 |  |  |  |  | 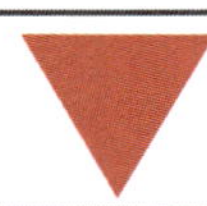 |  |  |
|---|---|---|---|---|---|---|---|
| 1 | | | | | | | |
|  |  |  | 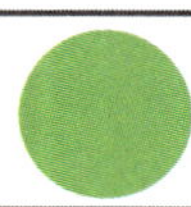 |  | 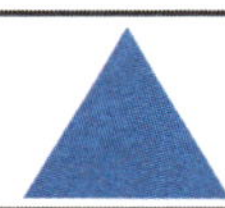 |  | |
| | 10 | | | | | | |

**2** En t'appuyant sur l'exercice précédent, retrouve le nombre qui correspond au dessin et écris-le dans la case.

|  |  |  | 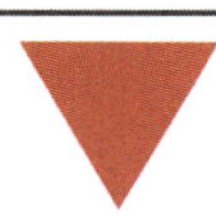 |  |  |
|---|---|---|---|---|---|
| | | | | | |

## 1 OUVRE L'ŒIL !

### Les photographes

**Léa a photographié cinq animaux de loin et Florian a photographié les mêmes animaux, mais de très près. Voici les photos. Peux-tu trouver à quel animal correspond chaque photo de Florian ? Note tes réponses dans la case sous chaque photo.**

Les photos de Léa

Les photos de Florian

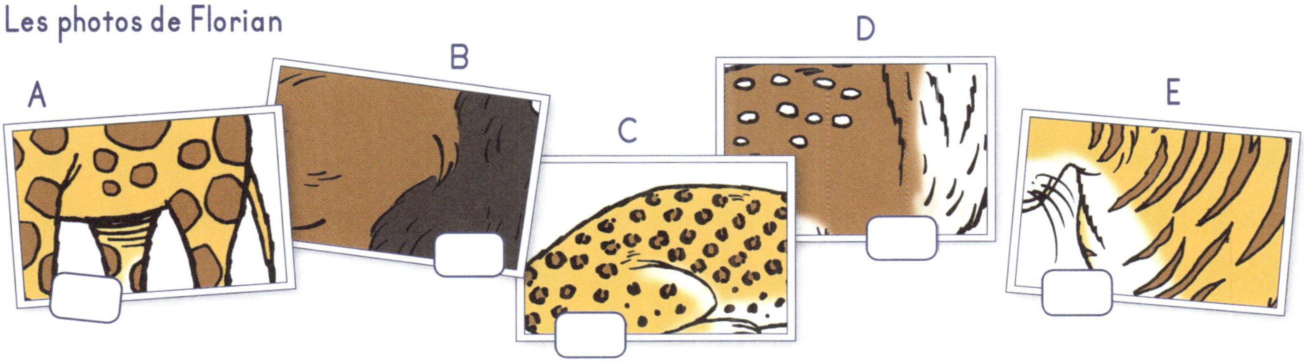


### Dessins cachés

**Pierre a nagé longtemps dans la rivière, mais quand il en sort, il s'aperçoit qu'un coup de vent a emporté ses habits dans les buissons. Aide-le à retrouver sa chemise, son pantalon, ses chaussettes, son pull et sa casquette !**

**4** Complète la frise.

**5** Entoure le bon nombre pour chaque exemple.

| | | |
|---|---|---|
| a) | 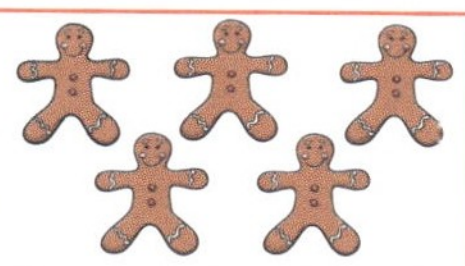 | 1 8 7 6 5 2 10 4 9 3 |
| b) |  | 5 3 9 6 8 2 7 10 4 1 |
| c) |  | 9 2 7 4 5 1 8 3 10 6 |
| d) |  | 3 10 1 9 7 8 2 6 5 4 |

**6** Écris le nombre qui correspond à chaque dessin.

# L'écriture d'une lettre (1)

**1** Écoute le texte suivant que va te lire un adulte, puis réponds aux questions.

**Une lettre**

Paris, le 15 avril 2021

Chère Mamie,

Je t'écris pour te souhaiter un très heureux anniversaire pour tes 60 ans. Je pense que Papy t'emmènera au restaurant pour bien fêter ça ! J'ai aidé Papa et Maman à choisir un cadeau pour toi, j'espère qu'il te plaira.
Il me tarde de venir te voir aux prochaines vacances d'été.
Je te fais de gros bisous ainsi qu'à Papy.

À bientôt !

Antoine

**a.** Comment appelle-t-on un texte comme celui-ci ?

**b.** Entoure les mots qui permettent de savoir à qui cette lettre est adressée.

**c.** Entoure la date à laquelle cette lettre a été écrite.

**d.** Qui a écrit cette lettre ? Pour dire quoi ?

**2** Et toi, as-tu déjà écrit des lettres ? des cartes postales ?
À qui ? À quelles occasions ?

**3** Entoure le mot « lettre » (écrit en script, en cursives et en majuscules d'imprimerie) quand tu le reconnais.

lettre LETTRE LECTURE leste

lire illettré lettre lettre

lente lettre LESTE

# Les quantités de 1 à 15

Maths

**1** Observe les poules et réponds aux questions.

**La poule marron a 11 poussins. La poule noire a 15 poussins.**

a. Colorie en marron les poussins de la poule marron.

b. Colorie en noir les poussins de la poule noire.

c. Combien de poussins la poule blanche a-t-elle ?

**2** Colorie les œufs entiers en vert et les autres en rouge.

**3** Écris le nombre d'œufs entiers.

______________________

# L'écriture d'une lettre (2)

**1** Écoute la lettre suivante que va te lire un adulte. Écris, selon ce que tu as envie, la date et le destinataire de cette lettre, puis signe-la.

**Une lettre**

Bordeaux, ____________

Cher ____________,

Merci pour ta carte de Venise. Moi aussi je suis en vacances.
Dans une semaine, je pars aux Baléares.
Bonnes vacances et à bientôt ! Gros bisous.

____________

**2** Écris les lettres sur la ligne du bas en suivant le modèle.

*t t tt tt tr tr lettre lettre*

**3** Entoure le dessin quand tu entends le son [t], comme dans « lettre ».

  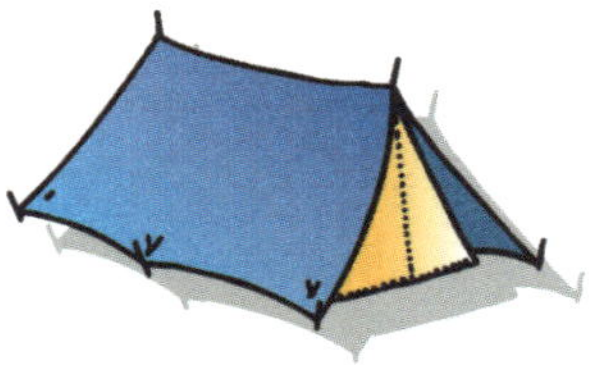 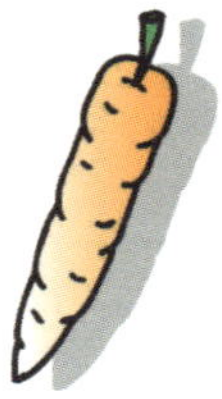 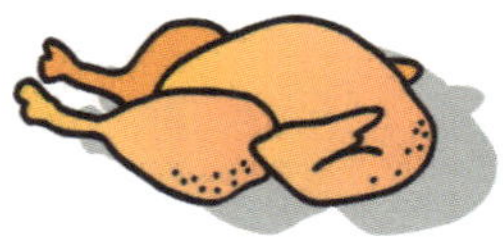

**4** Éc-is ton prénom en cursives. Entoure la première lettre.

# Les mois de l'année

Maths

## Je retiens

**Mémorise la comptine.**

En **janvier**, j'ai froid aux pieds.
En **février**, je vais skier.
En **mars**, je fais des farces.
En **avril**, poisson d'avril.
En **mai**, j'offre du muguet.
En **juin**, j'ai le rhume des foins.
En **juillet**, je fais mes paquets.
En **août**, je joue au foot.
En **septembre**, je tremble.
En **octobre**, j'ai peur de l'ogre.
En **novembre**, le ciel est de cendre.
En **décembre**, cadeaux dans ma chambre.

**1** Entoure le mois de ton anniversaire dans la comptine ci-dessus.

**2** Écris la date de ton anniversaire.

| Numéro du jour | Mois | Année |
|---|---|---|
| | | |

**3** Écris les mois qui manquent.

| 1 | 2 | 3 | 4 | 5 | 6 |
|---|---|---|---|---|---|
| janvier | | mars | | | juin |

| 7 | 8 | 9 | 10 | 11 | 12 |
|---|---|---|---|---|---|
| juillet | août | | octobre | | |

**4** Complète.

# L'écriture d'une invitation

**1** Essaie de lire tout(e) seul(e) cette phrase à haute voix.

**Papa dit bonjour à Maman.**

**2** Écoute les phrases ci-dessous que va te lire un adulte, puis réponds par « vrai » ou « faux » en cochant la case correspondante.

| Vrai | Faux | |
|---|---|---|
| | | Les timbres s'achètent dans les librairies. |
| | | La poste envoie le courrier dans tous les pays du monde. |
| | | Celui qui envoie une lettre est l'expéditeur. |
| | | Cela ne coûte rien d'envoyer une lettre. |
| | | C'est le facteur qui distribue le courrier. |

**3** Tu souhaites inviter tes camarades pour ton anniversaire. Dicte à un adulte l'invitation que tu souhaites leur envoyer.

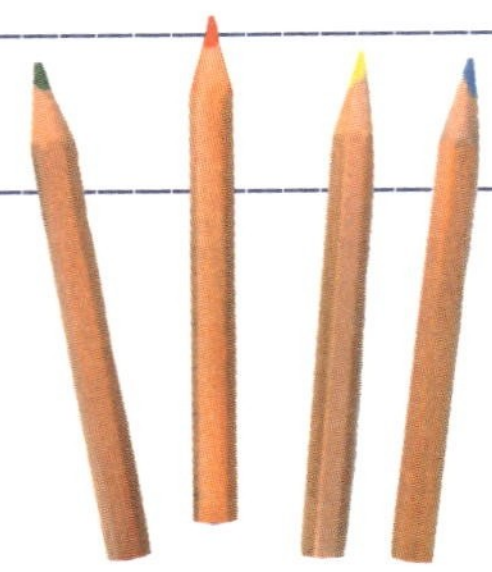

**4** Répète ce que prononce l'adulte qui t'accompagne, en articulant bien.

**a.** Tapa tapis, tapis tapé, tapa toi.

**b.** Pomme de reinette et pomme d'api
Tapis, tapis rouge
Pomme de reinette et pomme d'api
Tapis, tapis gris.

# Le repérage dans le temps

Maths

**1** Observe attentivement le calendrier de Pauline, puis réponds aux questions.

lundi
mardi
mercredi
vendredi
samedi
dimanche

Aujourd'hui, c'est :
jeudi 8 septembre

0 1 2 3 4 5 6 7 9

janvier
février
mars
avril
mai
juin

juillet
août
octobre
novembre
décembre

**a.** Raconte ce qu'a fait Pauline sur son tableau.

**b.** Compte les étiquettes jours ci-dessous et entoure l'étiquette chois e par Pauline.

| lundi | mardi | mercredi | jeudi | vendredi | samedi | dimanche |
|---|---|---|---|---|---|---|

**2** Regarde bien les étiquettes jours ci-dessous.

**a.** Colorie en bleu l'étiquette d'aujourd'hui.

**b.** Colorie en vert l'étiquette d'hier.

**c.** Colorie en jaune l'étiquette de demain.

| lundi | mardi | mercredi | jeudi | vendredi | samedi | dimanche |
|---|---|---|---|---|---|---|

**3** Numérote dans l'ordre, de 1 à 7, les jours de la semaine.

◯ jeudi ◯ mardi ◯ samedi

◯ vendredi ◯ lundi ◯ mercredi ◯ dimanche

Français

# La compréhension d'un texte documentaire (1)

**1** Observe bien ce dessin et réponds aux deux questions posées par un adulte.

**a.** Que sais-tu sur cet animal, sa façon de vivre, de manger, par exemple ?

**b.** Connais-tu des animaux qui ressemblent au loup ?

**2** Écoute le texte suivant, que va te lire un adulte, puis réponds aux questions.

## Les loups

Les loups vivent autant dans les prairies que dans les forêts et les montagnes, sauf les plus hautes. L'hiver, ils se déplacent en bandes à la recherche de nourriture. De petits animaux et des oiseaux sont les proies habituelles des loups qui mangent aussi des baies.

Mais une horde de loups peut également attaquer des rennes, des moutons et d'autres grands mammifères, en choisissant les individus les plus faibles (vieux, jeunes ou malades). Faute de proie vivante, les loups se nourrissent de charognes.

**a.** En tenant compte de ce que tu as appris dans le texte précédent, entoure la phrase qui est vraie.

- _es loups se nourrissent de petits animaux et de baies.
- ls ne mangent pas de moutons.

**b.** Dans le texte, entoure le mot loups quand tu le vois.

**3** Entoure, dans la liste suivante, les mots ou` tu entends le son [lu].

**louve mulot louveteau loupe poule filou jaloux chou**

**4** À côté des mots suivants, fais autant de points qu'il y a de syllabes, comme le modèle.

**Exemple :** filou • •

**louveteau** **clou** **flou** **jaloux**

**5** Continue en suivant le modèle.

un

une

# Les tableaux à double entrée

**1** Observe les maisons ci-dessous. Retrouve les pièces utilisées par chaque enfant, puis écris leur prénom dans la case correspondante.

**Paul, Léa et Pierre construisent un village.**

Voici la maison de Paul.

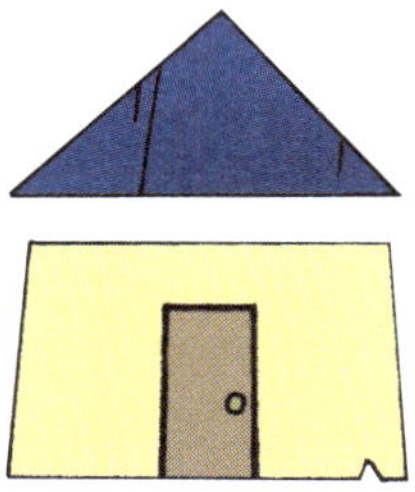

Voici la maison de Léa.

Voici la maison de Pierre.

| | 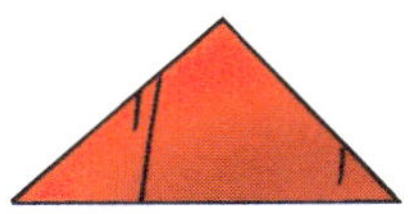 | 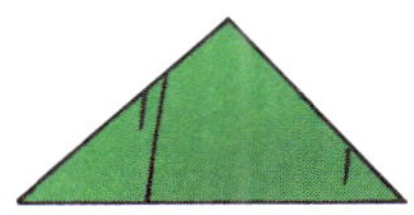 | 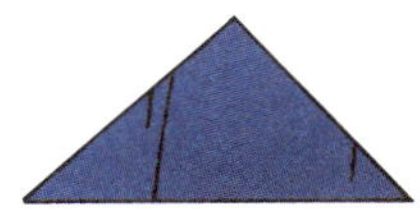 |
|---|---|---|---|
| 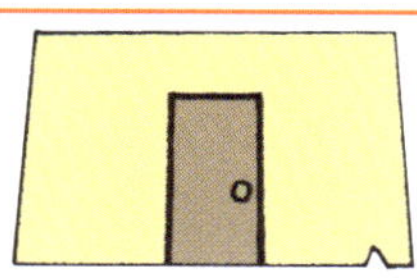 | | | |
| 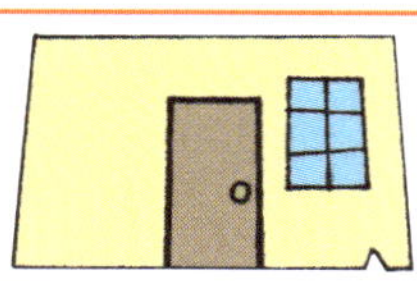 | | | |
|  | | | |

**2** Complète le tableau à double entrée avec les bonnes formes aux bonnes couleurs.

| |  |  |   |
|---|---|---|---|
|  | |  | |
| 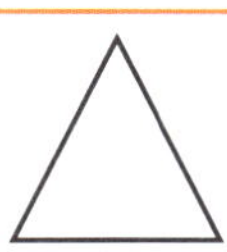 |  | | |
| 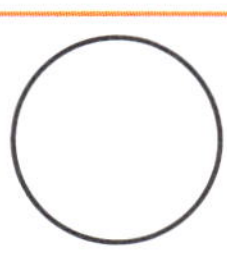 | | | 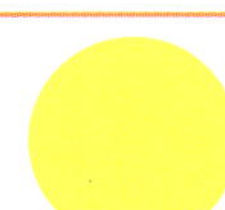 |

# La compréhension d'une recette (2)

**1** Écoute la recette de la pâte à sel que va te lire l'adulte qui t'accompagne, puis réponds aux questions.

**Pâte à sel**

1. Mélanger dans un saladier 2 verres de farine, 2 verres de sel fin et 1 verre d'eau.
2. Bien remuer pour obtenir une pâte lisse.
3. Si la pâte est un peu collante, ajouter de la farine.
4. Maintenant que la pâte est prête, l'utiliser comme de la pâte à modeler pour fabriquer des objets.
5. Laisser sécher les objets.
6. Puis faire cuire au four à feu doux jusqu'à ce que la pâte brunisse.

**a.** S'agit-il d'une recette de cuisine ?

**b.** De quels ustensiles as-tu besoin pour faire cette recette ?

**c.** Quels sont les ingrédients ?

**d.** À quoi sert la pâte à sel ?

**2** Dessine sous chaque dessin autant de points que tu entends de syllabes.

**Exemple :**

• •

**3** Répète après l'adulte les phrases ci-dessous.

**a.** Combien ces six saucissons-ci et ces sept saucissons-là madame Sans-Souci ?

**b.** Six gros escargots grelottent et ont la grippe.

# Les lignes ouvertes et les lignes fermées

## Je retiens

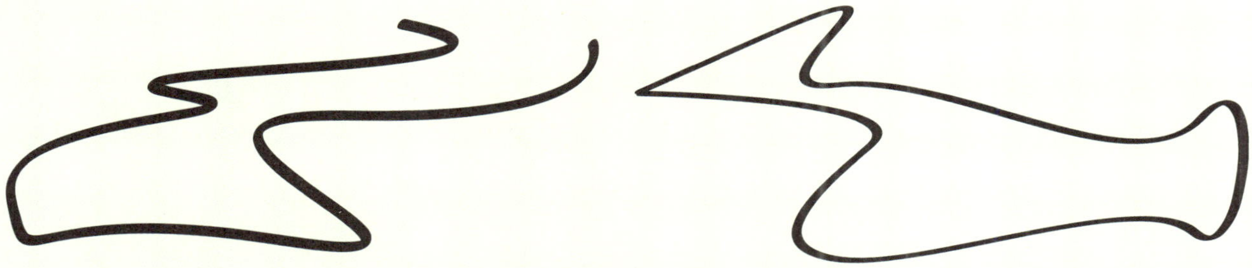

ligne ouverte ligne fermée

**1** Observe les dessins, puis applique les consignes ci-dessous.

**a.** Repasse en rouge les lignes ouvertes.

**b.** Colorie en vert l'intérieur des lignes fermées.

**2** Observe les dessins, puis applique les consignes ci-dessous.

**a.** Colorie en rouge les souris qui sont en danger.

**b.** Colorie en vert les souris qui sont en sécurité.

# La compréhension d'une poésie

Français

**1** Écoute la poésie que l'adulte qui t'accompagne va te lire, puis réponds aux questions.

## Les Hiboux

Ce sont les mères des hiboux
Qui désiraient chercher les poux
De leurs enfants, leurs petits choux,
En les tenant sur les genoux.
Leurs yeux d'or valent des bijoux
Leur bec est dur comme cailloux,
Ils sont doux comme des joujoux,
Mais aux hiboux point de genoux !

Robert Desnos

**a.** Dans cette poésie, on entend souvent le même son. Quel est ce son ?

**b.** Entoure les mots où tu entends ce son.

**c.** Combien de mots as-tu entourés ?

**d.** Où se situent ces mots dans chaque vers ?

**e.** Essaie d'écrire, sans modèle, deux mots que tu connais dans lesquels on entend le son [ou].

______________________________

**2** Joue avec les rimes en faisant l'exercice suivant.

**Dans la poésie *Les Hiboux*, tu as découvert les rimes, comme l'adulte qui t'accompagne te l'a expliqué. Continue à faire des rimes en suivant le modèle. L'adulte te montrera comment on les écrit.**

| | | |
|---|---|---|
| L'escargot a mal au dos | L'écureuil a mal à l'œil | L'abeille a mal ________ |
| Le loup a mal ________ | Le lapin a mal ________ | Le mouton a mal ________ |

**3** Recopie les lettres après chaque exemple.

h h h h

he he hl hl

# Les longueurs

**1** Range les extraterrestres du plus petit au plus grand.

**2** Colorie en violet les bandes qui sont plus longues que la bande bleue.

**3** Colorie en vert les bandes qui sont plus courtes que la bande rouge.

**4** Range les fusées de la plus courte à la plus longue.

A

# Récréation

## LES COULEURS

**1** Écris les noms des couleurs (rose, rouge, vert, orange, jaune, noir, marron, bleu, blanc).

**2** Colorie les objets avec les couleurs demandées.

jaune

marron

orange

bleu

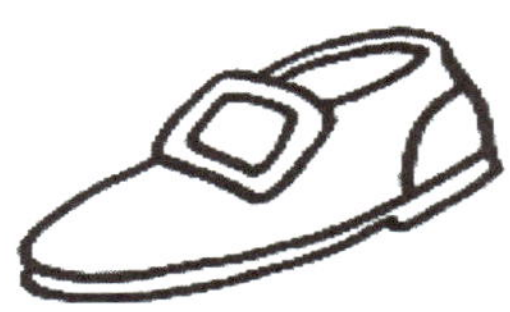

violet

blanc avec des taches marron

gris

vert

rouge avec le cœur jaune

**3** Colorie le jardin avec les couleurs indiquées.

1. Vert clair 2. Vert foncé 3. Marron clair 4. Marron foncé 5. Gris.

**Colorie le papillon en violet et rose. Madame Robert est brune, elle porte un chapeau jaune, un T-shirt et un short rouges et son transat est bleu. Les fleurs dans le pot sont jaunes et les fleurs du buisson sont roses. Le ciel est bleu clair.**

**1** Pour chaque image, remets les syllabes dans l'ordre et écris le mot.

a.  → ma | te | to → ____________

b.  → ron | po | ti → ____________

c.  → ba | ne | na → ____________

d.  → la | de | sa → ____________

**2** Écris le nom de chaque animal à l'aide des mots ci-dessous :

**crocodile – souris – lapin – cheval – mouton – vache**

____________

____________

____________

____________

____________

____________

**3** Pour chaque exemple, colorie la bande la plus longue.

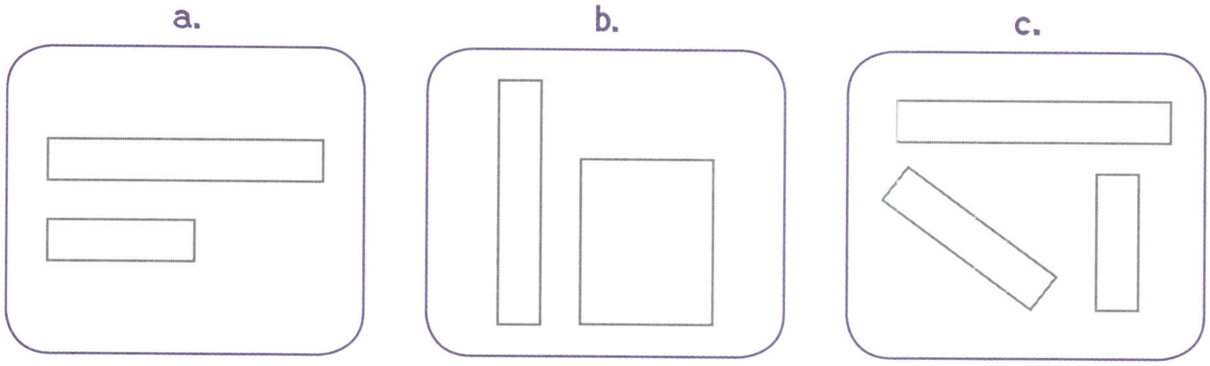


**4** Range ces animaux du plus petit au plus grand.

**5** Observe le tableau et complète les cases manquantes.

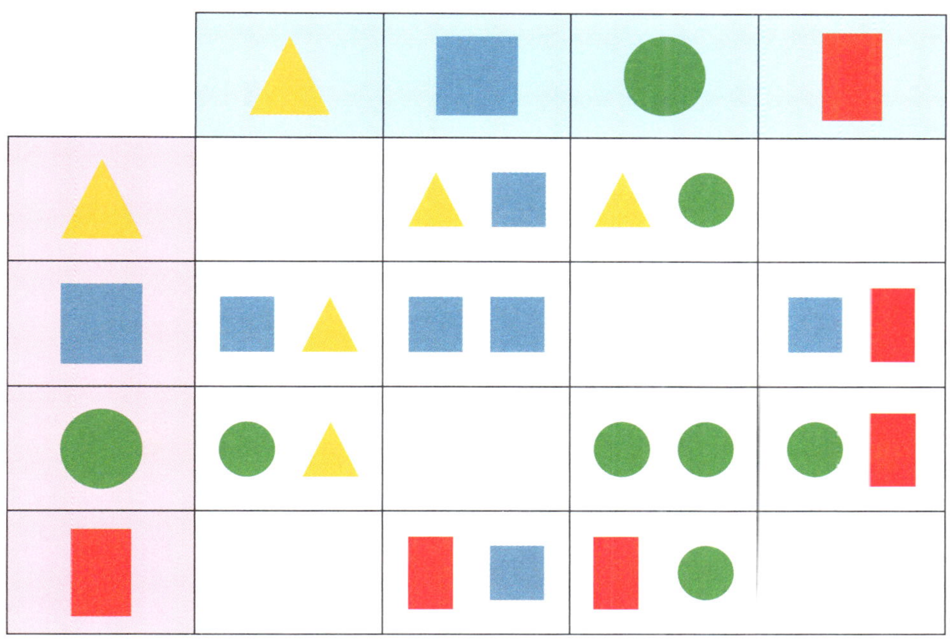

# Les animaux

**1** Sur le dessin ci-dessous, colorie les animaux que l'on peut trouver dans une ferme.

**2** Énonce à voix haute le nom de tous les animaux qui sont dessinés ci-dessus.

**3** Demande à un adulte d'écrire sous ta dictée :

**a.** le nom des animaux qui sont des animaux de la ferme ;

**b.** le nom des animaux qui sont des animaux sauvages.

**4** Relie deux par deux les noms d'animaux qui riment, comme dans l'exemple ci-dessous.

| | |
|---|---|
| un chat • | • un taureau |
| un loup • | • un dromadaire |
| un mouton • | • un lévrier |
| un sanglier • | • un lézard |
| un isard • | • un poisson |
| un chameau • | • un hibou |
| une panthère • | • un cobra |

**5** Entoure les noms d'animaux qui commencent par les lettres « ch ».

chat chouette hibou serpent chien

vache cheval chèvre canard chacal

# Les nombres de 1 à 20

Maths

**1** Lis les nombres de la bande numérique.

| 1 | 2 | 3 | 4 | 5 | 6 | 7 | 8 | 9 | 10 |
|---|---|---|---|---|---|---|---|---|---|
| 11 | 12 | 13 | 14 | 15 | 16 | 17 | 18 | 19 | 20 |

**2** Voici le ciel de Zbigl : compte les étoiles et colorie en jaune le nombre que tu as trouvé sur la bande numérique.

| 1 | 2 | 3 | 4 | 5 | 6 | 7 | 8 | 9 | 10 |
|---|---|---|---|---|---|---|---|---|---|
| 11 | 12 | 13 | 14 | 15 | 16 | 17 | 18 | 19 | 20 |

**3** Dessine dans les cercles le nombre d'astres demandé.

14 

12 

19 

11 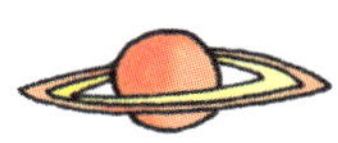

# La publicité (1)

Regarde attentivement cette publicité. Lis-la avec l'aide d'un adulte.

# Le quadrillage

**1** Brick, le petit robot, veut remonter dans sa fusée. Observe le codage du parcours.

| ↓ | → | ↓ | → | ↓ | ↓ | → | → | ↓ | → |
|---|---|---|---|---|---|---|---|---|---|

Colorie les cases que le robot doit traverser en suivant le codage.

DÉPART

ARRIVÉE

**2** Colorie le bon nombre d'étoiles de chaque couleur.

10 (rouge)

12 (vert)

15 (bleu)

Français

# La publicité (2)

**1** Observe comment des gens qui veulent nous faire connaître leurs produits nous les présentent.

**a.** Commence par chercher avec un adulte, dans des journaux ou des magazines, là où sont présentés ces produits.

**b.** Comment s'appelle cette façon de présenter un produit ?

**c.** Pour chaque publicité, dis qui veut faire connaître et acheter quoi .

**2** Dans la liste de mots ci-dessous, barre ceux qui ne sont pas dans la publicité de la page 50.

**hiver - plage - vacances - sable - Sud - famille - forme - colonie - juin - essentiel**

Essaie de les lire à haute voix.

Cbserve bien les mots et reconstitue le slogan en les numérotant de 1 à 5.

**3** Entoure les images si tu entends le son [p].

**4** Retrouve dans cet ouvrage différents types d'écrits : une lettre, une histoire, une recette.

**a.** À quoi reconnaît-on la lettre ? Montre-la et dis comment tu as fait pour trouver.

**b.** À quoi reconnaît-on l'histoire ? Montre-la et dis comment tu as fait pour trouver.

**c.** À quoi reconnaît-on la recette ? Montre-la et dis comment tu as fait pour trouver.

Maths

## Je retiens

**Ouvre l'œil et compte.**

**Tu as trouvé :**

**1** Complète le tableau avec les nombres de 0 à 29.

| 0 | 1 | 2 | | | | | | | 9 |
|---|---|---|---|---|---|---|---|---|---|
| 10 | | | | 14 | | | | | |
| | | | | | | | | | |

**2** Colorie le pavage en respectant le code des couleurs.

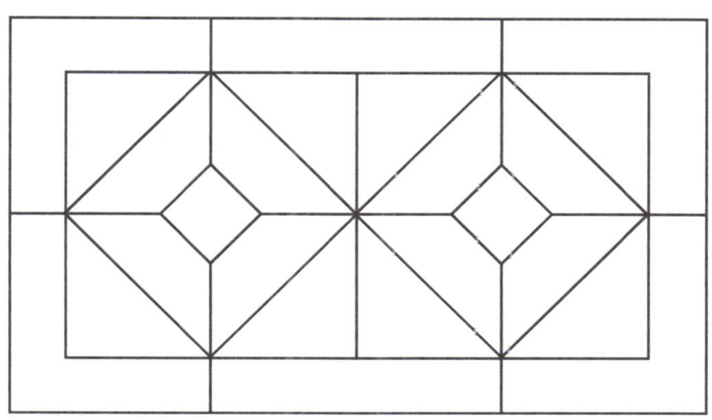

# Évaluation

**1** Colorie autant de cases qu'il y a de syllabes.

**2** Lis les phrases suivantes.

**a.** Ma mamie a un ami très poli.

**b.** Le chien dort dans la niche.

**c.** Papa a mal au bras.

**d.** Le loup hurle à la lune.

**3** Écris l'initial manquante de chacun de ces mots.

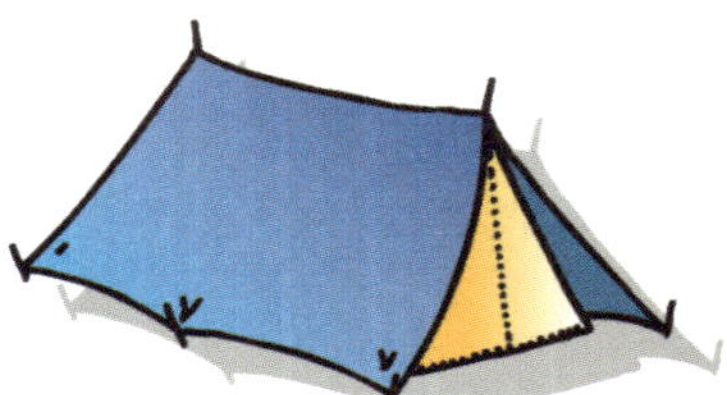

__ente

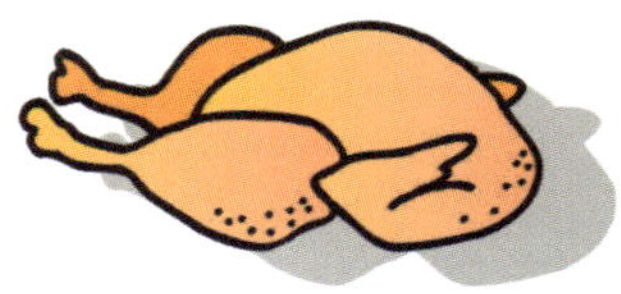

__oulet

__ivre

__rotinette

**4** Écris cette phrase en cursive.

**Je serai bientôt en CP.**

**5** **Paul, Léa et Pierre ramassent des coquillages sur la plage. Ils veulent se partager tous les coquillages ramassés. Comment vont-ils faire ?**

**a.** Entoure en rouge les coquillages de Paul.

**b.** Entoure en bleu les coquillages de Léa.

**c.** Entoure en vert les coquillages de Pierre.

**6** **Écris le nombre de coquillages de chaque enfant.**

Paul a ___ coquillages. Léa a ___ coquillages. Pierre a ___ coquillages.

**7** **Observe les dessins, puis réponds aux questions.**

**a.** Combien y a-t-il d'enfants ? ___

**b.** Est-ce que chaque enfant aura 1 planche ? ___

**c.** Est-ce qu'il y aura 1 combinaison de surf pour chacun ? ___

## page 6

1 (Bonjour) Papa ! (Bonjour) Maman !
Je dis (bonjour) quand il fait jour.
(Bonjour) les amis !
Quand je rencontre quelqu'un, je dis (bonjour).

2

3

M (O) V Q D (J) (B) (O) H
(U) A P E I (N) S C L G (R)

## page 7

1. a : (2), b : (4).

## page 9

a.

lundi → 

mardi → 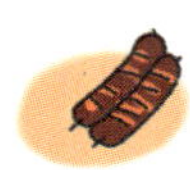

mercredi → 

jeudi → 

vendredi → 

samedi → 

dimanche → 

b.

dimanche → 7

mardi → 2

samedi → 6

mercredi → 3

lundi → 1

vendredi → 5

jeudi → 4

## page 10

1 

2 Une souris verte

3 Ça fera un (escargot) tout chaud.

## page 11

1

2

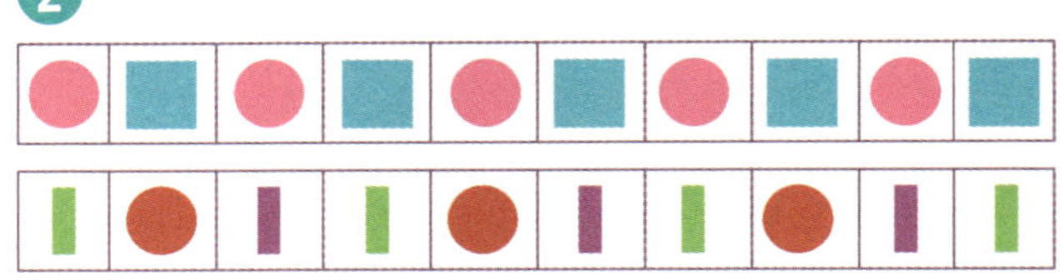

## page 12

1 

2 

3 

4 

5 

## page 13

2 

3

1re

4e

2e

5e

3e

6e

## page 14

1 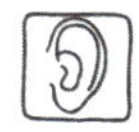

## page 15

2 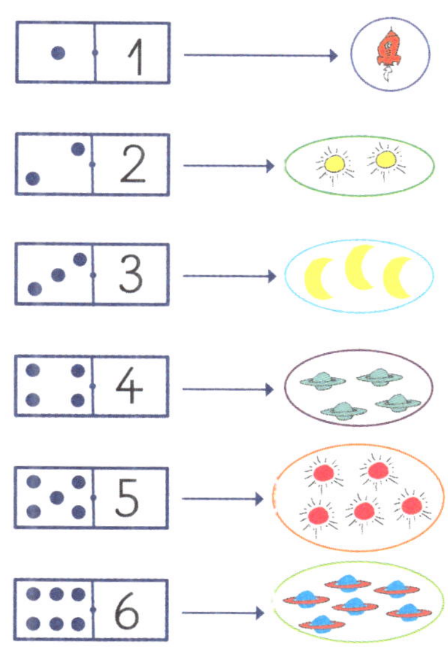


## page 16

1 LE PETIT A LUNETTES
EST UN ESPION ENNEMI

Il faut donc se méfier de ce personnage.

# Corrigés

## page 17

2

## page 18

1

| A | B | C | D | E | F | G | H | I |
|---|---|---|---|---|---|---|---|---|
| J | K | L | M | N | O | P | Q | R |
| S | T | U | V | W | X | Y | Z | |

2

maman

lune

3

4

## page 19

5

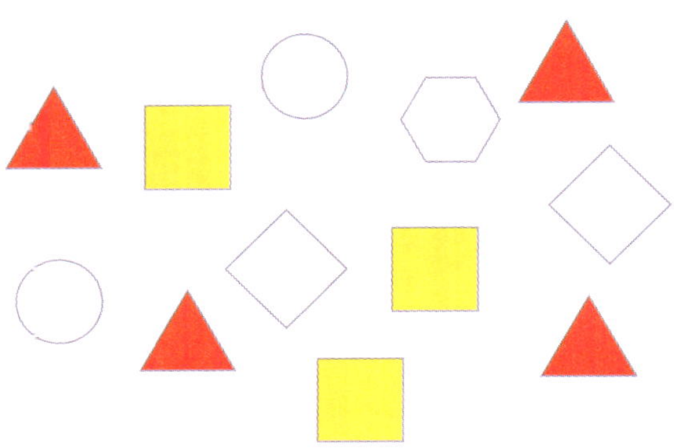

6

7

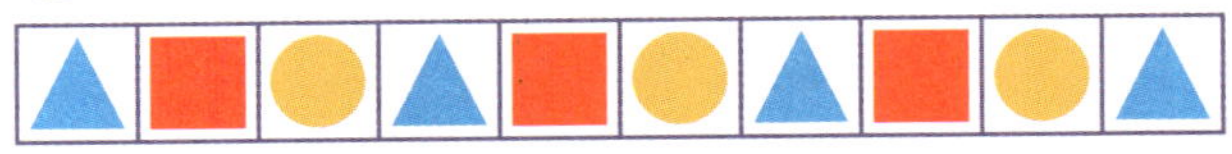

## page 21

1

2

## page 22

1 **a.** Des images et du texte.
**c.** Une bande dessinée.
**d.** Il y en a huit.
**e.** Brutos.
**f.** Deux chiens.
**g.** Ils se disputent.
**h.** Ils veulent le même os en caoutchouc.
**i.** Bill part avec l'os.

## page 23

**1**

**2** Le lapin marron a mangé 4 carottes.
Le lapin gris a mangé 4 carottes.
Le lapin rouge a mangé 4 carottes.

**3**

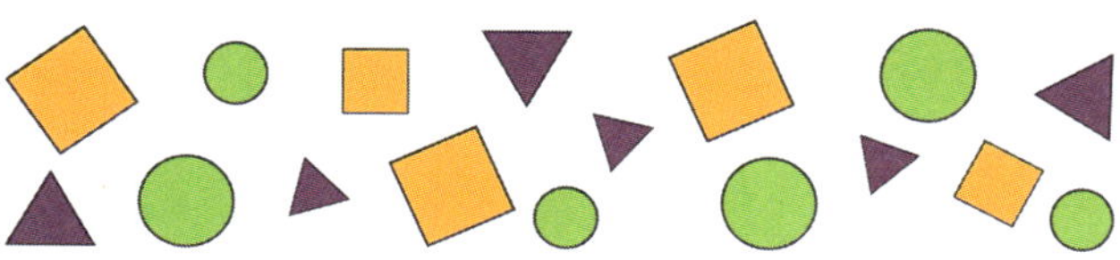

## page 24

**1** **a.** Il faut, pour 4 personnes :
5 cuillerées à soupe de farine,
3 cuillerées à soupe de sucre semoule,
80 grammes de beurre.

**1.** Réunir tous les ingrédients sur la table.
Faire chauffer le four (thermostat 10)

**2.** Mélanger la farine, le beurre et 2 cuillerées à soupe de sucre.

**3.** Verser la dernière cuillerée de sucre sur la table et rouler la pâte en boudin.

**4.** Couper des rondelles de 1 centimètre d'épaisseur.

**5.** Les poser sur une plaque beurrée.

**6.** Baisser le four (thermostat 1-2). Mettre les sablés à cuire 10 à 15 minutes.

**b.** cuisine cuillère cuisiner cuillerée cuisson

## page 25

**1** **a.** Elle a écrit la date.
**b.** Il y a 7 étiquettes jours. jeudi

**3** 4 jeudi | 2 mardi | 6 samedi
5 vendredi | 1 lundi | 3 mercredi | 7 dimanche

## page 26

**2** **a.** Les loups se nourrissent de petits animaux et de baies.

**b.** Les loups vivent autant dans les prairies que dans les forêts et les montagnes, sauf les plus hautes. L'hiver, ils se déplacent en bandes à la recherche de nourriture. De petits animaux et des oiseaux sont les proies habituelles des loups qui mangent aussi des baies.

Mais une horde de loups peut également attaquer des rennes, des moutons et d'autres grands mammifères, en choisissant les individus les plus faibles (vieux, jeunes ou malades). Faute de proie vivante, les loups se nourrissent de charognes.

**3** louve mulot louveteau loupe
poule filou jaloux chou

**4** louveteau • • • clou •
flou • jaloux • •

## page 27

**2**

**3** Par exemple :

# Corrigés

## page 28

**1** **a.** Ce texte nous donne des informations sur un poisson appelé le loup.

**b.** Non. Ce n'est pas le loup mammifère de la page 24, mais un poisson.

**2** **a.** l'animal
**b.** un masque
**c.** une recette de poisson
**d.** un marin
**e.** un enfant

**3** **a.** Le (loup) mange gloutonnement.

**b.** Pour le carnaval, je mettrai un (loup) sur mon visage.

**c.** Ce midi, j'ai mangé un délicieux (loup) au fenouil.

**d.** Ce vieux (loup) de mer porte toujours sa casquette de marin.

**e.** Allez mon petit (loup), c'est l'heure d'aller te coucher !

## page 29

**1**

| ▲ | ● | ♦ | ★ | ♥ | ▼ | ✕ | ■ |
|---|---|---|---|---|---|---|---|
| 1 | 2 | 3 | 4 | 5 | 6 | 7 | 8 |
| ✿ | ♦ | ♥ | ● | ✿ | ▲ | ✕ | |
| 9 | 10 | 11 | 12 | 13 | 14 | 15 | |

**2**

| ✿ | ✕ | ♦ | ▼ | ● | ✿ |
|---|---|---|---|---|---|
| 9 | 7 | 3 | 6 | 12 | 13 |

## page 30

**1** A3, B4, C5, D1, E2.

## page 31

**2** Les vases 3, 9, 10, 13 et 16 ont un bouquet identique à celui de Mathilde.

## page 32

**1** lutin (lapin) loup malin (lapin) lundi (lapin) loupe lune lunettes (lapin)

**2**

**3**

VACHE LAPIN TORTUE

## page 33

**4**

**5** a) 5 ; b) 2 ; c) 1 ; d) 6.

**6**

(6) (8) (10)

## page 34

**1** **a.** Il s'agit d'une lettre.
**b.** Il faut entourer « Chère Mamie » qui est la destinataire.
**c.** Cette lettre a été écrite le 15 avril 2017.
**d.** Antoine a écrit cette lettre pour souhaiter un heureux anniversaire à sa grand-mère qui a 60 ans.

**3**

lettre LETTRE LECTURE leste
lire illettré lettre lettre
lente lettre LESTE

## page 35

**1** **c.** La poule blanche a 4 poussins.

**3** Il y a 12 œufs entiers.

## page 36

**1**

## page 37

**3**

| 1 | 2 | 3 |
|---|---|---|
| janvier | février | mars |
| 4 | 5 | 6 |
| avril | mai | juin |
| 7 | 8 | 9 |
| juillet | août | septembre |
| 10 | 11 | 12 |
| octobre | novembre | décembre |

**4**

## page 38

**2**

| Vrai | Faux | |
|---|---|---|
| | X | Les timbres s'achètent dans les librairies. |
| X | | La poste envoie le courrier dans tous les pays du monde. |
| X | | Celui qui envoie une lettre, c'est l'expéditeur. |
| | X | Cela ne coûte rien d'envoyer une lettre. |
| X | | C'est le facteur qui distribue le courrier. |

## page 39

**1**

| | 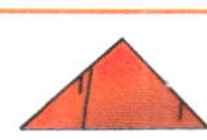 | 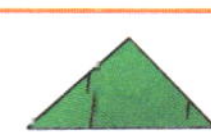 | 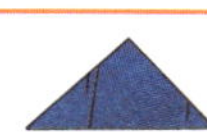 |
|---|---|---|---|
| 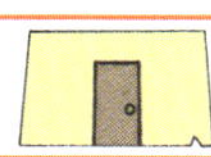 | | | Paul |
| 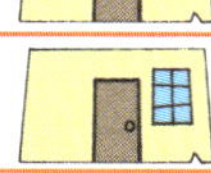 | Léa | | |
|  | | Pierre | |

2 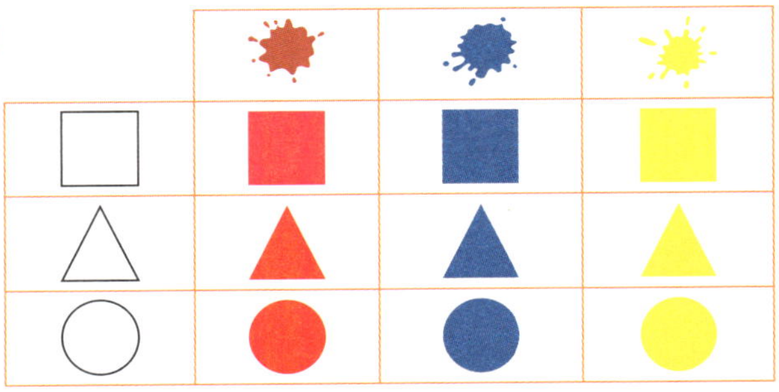

## page 40

1 **a.** Non, il s'agit d'une recette pour faire de la pâte à sel. Ça ne se mange pas.
**b.** Les ustensiles sont : un saladier, un verre et une cuillère pour mélanger.
**c.** Les ingrédients sont : de la farine, du sel fin, de l'eau.
**d.** La pâte à sel sert de pâte à modeler pour fabriquer des objets.

2 

## page 41

1 

2 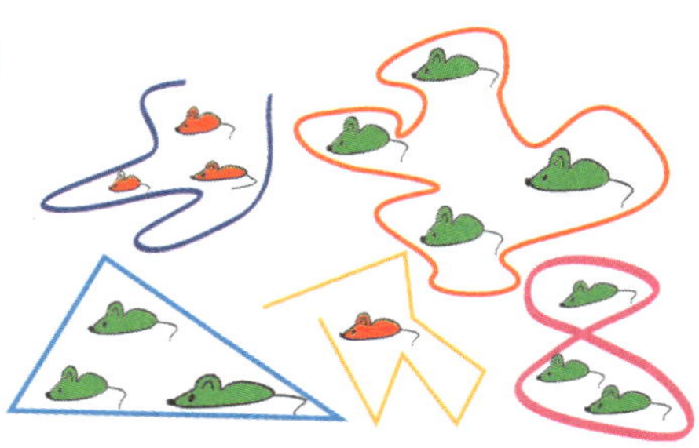

## page 42

1 **a.** C'est le son [u].
**b.** Voici le mots où l'on entend le son [u] : *hiboux* (3 fois), *poux, choux, genoux* (2 fois), *bijoux, cailloux, doux, joujoux*.
**c.** Il faut entourer 11 mots.
**d.** À part le « hiboux » du titre et le mot doux, ces mots sont à la fin du vers.

## page 43

1 D- A - C - B

2 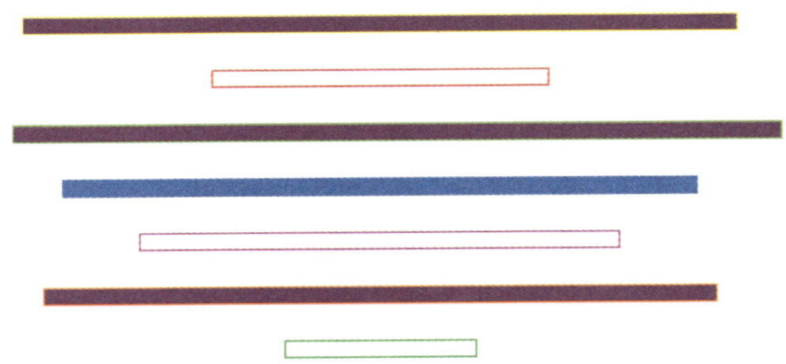

3 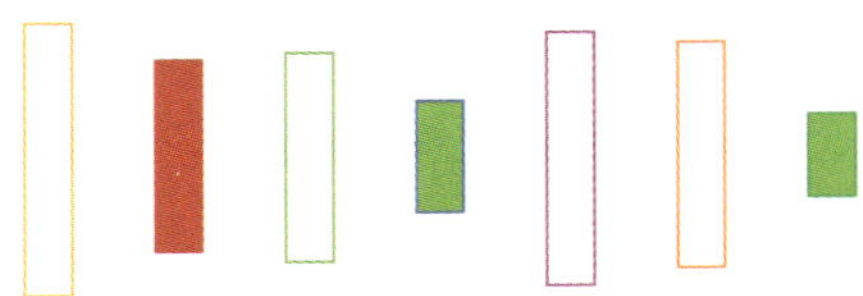

4 A- D - E - F - C - B

## page 44

1 

2 

## page 45

**3**

## page 46

**1**

a.  → tomate

b.  → potiron

c.  → banane

d.  → salade

**2**

cheval

crocodile

lapin

vache

souris

mouton

## page 47

**3**

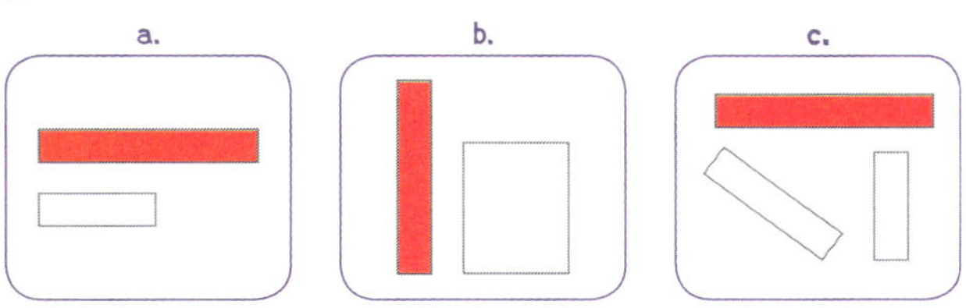


**4** B – D – C – A

**5**

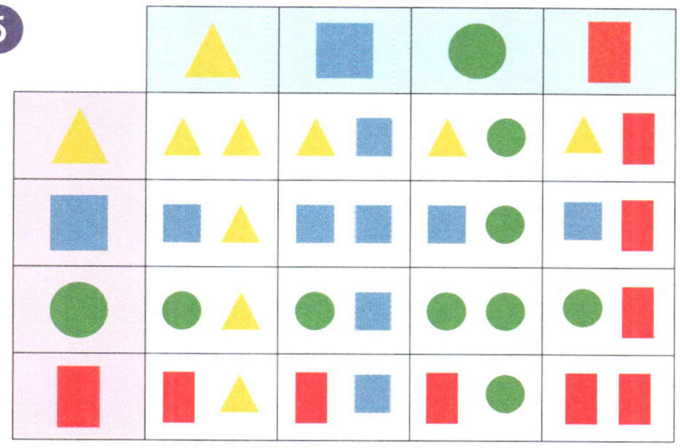

## page 48

**2** Un canard, une girafe, un rhinocéros, une vache, un éléphant, un lapin, un crocodile, un chien, un cheval, un cochon, un chat, des poussins et une poule.

**3** **a.** Animaux de la ferme : un canard, une vache, un lapin, un chien, un cochon, un chat, des poussins et une poule.
**b.** Animaux sauvages : une girage, un éléphant, un rhinocéros, un crocodile.

**4**

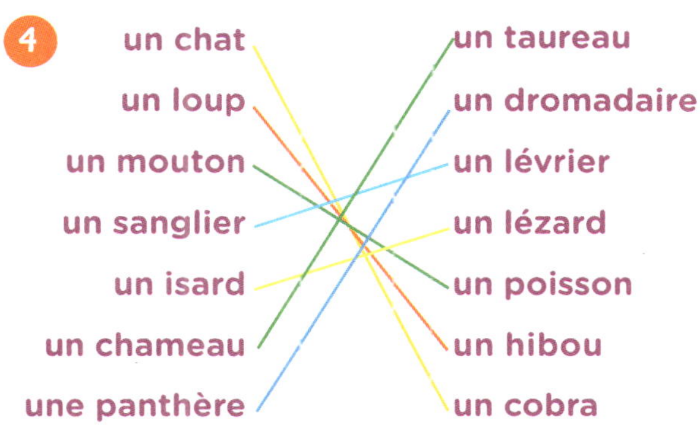


**5** chat chouette hibou serpent chien
vache cheval chèvre canard chacal

## page 49

2 19

3

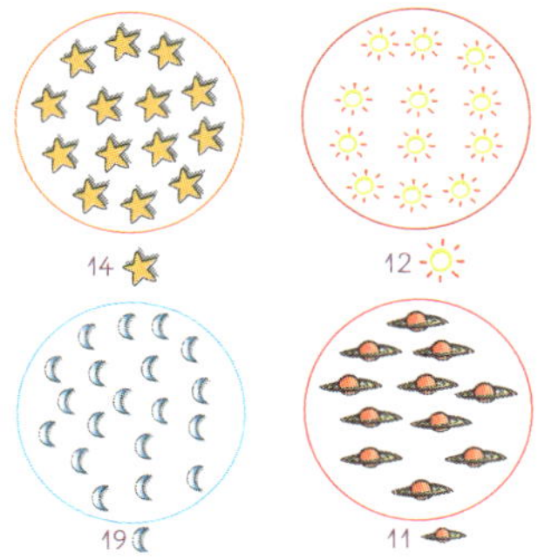


## page 51

2

3 Par exemple :

## page 52

1 b. C'est une publicité.

2 ~~Hiver~~ - ~~plage~~ - vacances - ~~sable~~ - Sud - famille - ~~forme~~ - colonie - ~~juin~~ - essentiel

3

## page 53

1

| 0 | 1 | 2 | 3 | 4 | 5 | 6 | 7 | 8 | 9 |
|---|---|---|---|---|---|---|---|---|---|
| 10 | 11 | 12 | 13 | 14 | 15 | 16 | 17 | 18 | 19 |
| 20 | 21 | 22 | 23 | 24 | 25 | 26 | 27 | 28 | 29 |

2

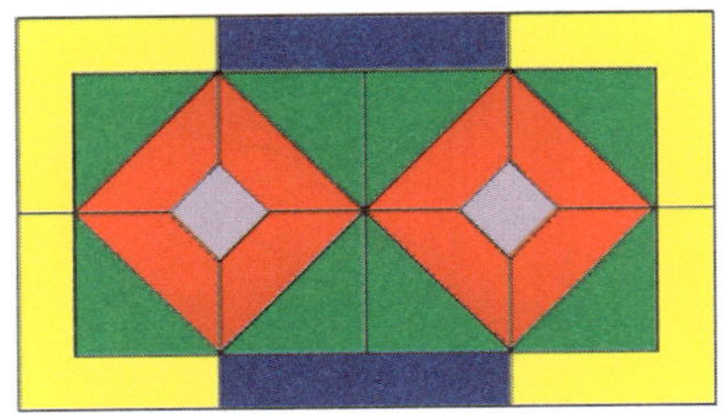

## page 54

1

3

## page 55

5

6 Paul a 6 coquillages.
Léa a 6 coquillages.
Pierre a 6 coquillages.

7 a. 9 ; b. oui ; c. non.